واحة الحكايات للنشر والتوزيع
دبي- واحة دبي للسيليكون
الإمارات العربية المتحدة
Wahat Alhekayat Publishing
and Distribution - UAE
Dubai +97143336366
+971504599804
+971558236687
info@wahatalhekayat.com
www.wahatalhekayat.com
www.wahatalhekayat.academy
سلسلة لكل حرف حكاية
قصة: جدي يعرف
تأليف: صفاء عزمي
رسوم: زينة المسيري
ISBN 9789948235125

جَدّي يَعْرِفُ

تأليف: صفاء عزمي

رسوم: زينة المسيري

جَدّي أَطْيَبُ جَدٍّ في الدُّنيا، فَهُوَ يَعْرِفُ ماذا
أُريدُ أَنْ أَقولَ حَتّى مِنْ قَبْلِ أَنْ أَقولَ،
وهَذا شَيْءٌ غَريبٌ.

جَدّي يَحْلِبُ الجاموسَةَ ويُعْطيني الحَليبَ... ويَقولُ: اشْرَبِ الحَليبَ يا جَوادُ... لا بُدَّ أنَّكَ عَطْشانُ.

6

وعِنْدَما أَسْأَلُهُ: كَيْفَ عَرَفْتَ يا جَدّي أَنَّني عَطْشانُ؟
يَضْحَكُ ويَقولُ: لِأَنَّني أُحِبُّكَ يا جَوادُ.

جَدّي يَغْسِلُ الجَزَرَ ويَقولُ لي: كُلِ الجَزَرَ يا جَوادُ...
لا بُدَّ أنَّكَ جَوْعانُ.

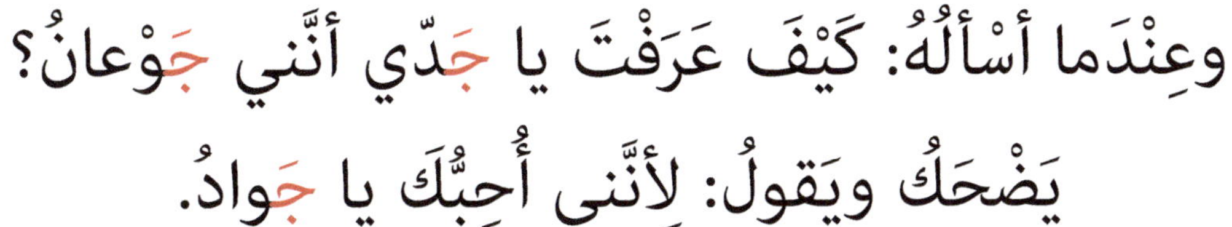

وعِنْدَما أَسْأَلُهُ: كَيْفَ عَرَفْتَ يا جَدّي أنَّني جَوْعانُ؟
يَضْحَكُ ويَقولُ: لِأنَّني أُحِبُّكَ يا جَوادُ.

وعِنْدَما أُكَثِّرُ يَقولُ لي: هَيّا يا جَوادُ نَرْكَبِ الجَمَلَ...
يَبْدو أَنَّكَ حَزينٌ.
وعِنْدَما أَسْأَلُهُ: كَيْفَ عَرَفْتَ يا جَدّي أَنَّني حزينٌ؟
يَضْحَـكُ ويَقولُ: لِأَنَّني أُحِبُّكَ يا جَوادُ.

11

وعِنْدَما أَجْلِسُ ساكِتًا يَقولُ لي:
هَيّا نَصْنَعْ خَيالَ الحَقْلِ يا جَوادُ،
يَبْـدو أنَّكَ كَسْـلانُ.
وعِنْدَما أسْألُهُ: كَيْفَ عَرَفْتَ
يا جَدّي أنَّني كَسْلانُ؟
يَضْحَكُ ويَقولُ: لِأنَّني
أُحِبُّكَ يا جَوادُ.

14

وفي أَحَدِ الأَيّامَ جَلَسَ جَدّي ولَمْ يَخْرُجْ
ولَمْ يَعْمَلْ، وسَأَلْتُ نَفْسي: يا تُرى هَلْ
جَدّي عَطْشانُ أَمْ جَوْعانُ، حَزينٌ أَمْ
كَسْلانُ؟ وأَدْرَكْتُ أَنَّهُ يُحِسُّ بالـمَلَلِ
فَأَخَذْتُهُ في جَوْلَةٍ بِالعَرَبَةِ والحِصانِ...

فَرِحَ جَدّي وعادَ مُبْتَسِمًا ونَشيطًا كَما كانَ.
وعِنْدَما سَأَلَني جَدّي: كَيْفَ عَرَفْتَ
يا جَوادُ أَنَّني أُحِسُّ بالـمَلَلِ؟ ضَحِكْتُ
وقُلْتُ لَهُ: لِأَنَّني أُحِبُّكَ يا جَدّي.

نِقاشٌ: كَيْفَ عَبَّرَ الجَدُّ عَنْ حُبِّهِ لِجَواد؟

تَفْكيرٌ: لِماذا وَضَعَ الجَدُّ خَيالَ الحَقْلِ؟

تَأَمُّلٌ: في صَفْحَةِ (12-13)، كَيْفَ صَنَعَ الجَدُّ وجَوادٌ خَيالَ الحَقْلِ؟

اِقْتِراحٌ: أَقْتَرِحُ اسْمًا لِلْجَدِّ.

وَصْفٌ: أَختارُ شَيْئًا أُحِبُّهُ في المَزْرَعَةِ، وأَصِفُهُ بِعِدَّةِ كَلِماتٍ...
مِثالٌ: الحَظيرَةُ لَها سورٌ أَبْيَضُ، فيها حَيَواناتٌ، وبِها دَلْوُ ماءٍ.

أفْكارٌ لِلْأُسْرَةِ والمُعَلِّمِ

- في الصَّفْحَةِ المُقابِلَةِ، نَجِدُ مَجْموعَةً مِنَ الأفْكارِ الَّتي تُساعِدُ عَلَى تَنْميةِ مَهاراتٍ أساسيَّةٍ لَدَى الطِّفْلِ، مِثْلَ: القُدْرَةِ عَلَى النِّقاشِ والتَّفْكيرِ التَّحْليلي النَّاقِدِ، وقُوَّةِ المُلاحَظَةِ، والتَّواصُلِ، والإبْداعِ.
- يُمْكِنُ أنْ نأخُذَ بِهَذِهِ الأفْكارِ، جَميعِها أوْ بَعْضِها.
- يُمْكِنُ أنْ نُكَرِّرَ قِراءَةَ القِصَّةِ، وفي كُلِّ مَرَّةٍ نَخْتارُ بَعْضَ الأفْكارِ لِنُناقِشَها.
- إذا أحَسَّ الطِّفْلُ بِالنُّعاسِ أثْناءَ القِصَّةِ، مِنَ الأفْضَلِ أنْ نَتَوقَّفَ ونُكْمِلَ القِصَّةَ لاحِقًا.
- في بَعْضِ الأحْيانِ يُجيبُ الطِّفْلُ عَلَى النِّقاشِ بـ«نَعَمْ» أوْ «لا»، أوْ بِكَلِمَةٍ واحِدَةٍ. في هَـذِهِ الحالَةِ أُعْطي الطِّفْلَ بَعْضَ الوَقْتِ؛ كَيْ يَبْحَثَ عَنْ جُمْلَةٍ أوْ فِكْرَةٍ، ويُمْكِنُ أنْ أُحَفِّزَهُ عَلَى الاسْتِمْرارِ في الحَديثِ بِكَلِماتٍ مِثْلَ: أحْسَنْتَ، رُبَّما، لِماذا؟ كَيْفَ؟ أيْنَ؟ هَلْ تُحِبُّ؟ هَلْ تَعْتَقِدُ؟
- الهَدَفُ مِنْ هَذِهِ القِصَصِ لَيْسَ فَقَطِ الاسْتِمْتاعَ بِالقِراءَةِ، وتَعَلُّمَ الحُروفِ، ولكِنَّهُ أيْضًا رَبْطُ أحْداثِ القِصَّةِ والشَّخْصِيَّاتِ والأماكِنِ بِعالَمِ الطِّفْلِ، وتَنْميَةُ هِواياتِهِ وقُدْرَتِهِ عَلَى التَّعْبيرِ.